초등 인문학 동화 ❸
우리나라 음식 이야기
한 숟가락 역사 동화

초판 1쇄 펴낸날 2017년 5월 5일
초판 5쇄 펴낸날 2020년 10월 20일

글 김은의 | **그림** 조윤주
펴낸이 박형만 | **펴낸곳** (주)키즈엠
편집 이수연, 임수현 | **디자인** 박성은
마케팅 정승모 | **제작** 김선웅, 이준호, 여인석
출판번호 제396-2008-000013호 | **주소** 서울시 금천구 가산디지털1로 171 11층
전화 1566-1770 | **팩스** 02-3445-0650 | **홈페이지** www.kizm.co.kr

꿈초 블로그 http://blog.naver.com/moonybook
꿈초는 키즈엠의 어린이 책 브랜드입니다. 포털에서 '꿈초(꿈꾸는 초승달)'를 검색해 보세요.

ISBN 978-89-6749-819-1 74100
     978-89-6749-655-5(세트)

글ⓒ 김은의, 그림ⓒ 조윤주, 2017
이 책의 저작권은 저자에게 있습니다. 저자와 출판사의 허락 없이 내용의 일부를 인용하거나 발췌하는 것을 금합니다.

이 도서의 국립중앙도서관 출판예정도서목록(CIP)은 서지정보유통지원시스템 홈페이지(http://seoji.nl.go.kr)와
국가자료공동목록시스템(http://www.nl.go.kr/kolisnet)에서 이용하실 수 있습니다. (CIP제어번호: CIP2017006494)

제품명: 무선제본도서　　제조자명: (주)키즈엠
주소: 서울시 금천구 가산디지털1로 171 11층
제조년월: 2020년 10월　　전화번호: 1566-1770
사용연령: 7세 이상　　제조국명: 대한민국
⚠ 책의 모서리가 날카로워 다칠 수 있으니 책을 던지거나 떨어뜨리지 마세요.

차례

콩으로 만든 최고의 발효 식품 **된장** - 10

매운맛으로 입맛을 돋우는 **고추장** - 24

가지가지 채소를 섞어 만든 **잡채** - 38

김이 모락모락 나는 하얗고 기름진 **쌀밥** - 52

강릉 부사의 정성이
담긴 **초당두부** - 64

더위에 지친 몸을
달래 주는 **삼계탕** - 76

천여 년의 세월을 간직한
'상림' 연꽃의 맛 **연잎밥** - 88

은어에서
도로 묵이 된 **도루묵** - 102

작가의 말

이야기가 있어 더욱 맛있는 우리나라 음식

여러분은 어떤 음식을 좋아하나요?

나는 우리나라 음식을 좋아해요. 쌀밥, 된장, 고추장 같은 음식 말이에요.

"에게~."

여기저기서 실망의 소리가 들리는 것 같네요. 거의 날마다 먹는 음식이라 특별하지 않다는 뜻이겠지요?

맞아요. 하지만 이야기를 듣고 나면 생각이 달라질걸요!

쌀밥, 된장, 고추장 등은 우리나라 전통 음식이에요. 조선 시대 임금들도 아주 좋아했지요.

선조 임금은 "된장이 이처럼 맛있는 줄 내 미처 몰랐구나!" 하고 감탄했어요.

영조 임금은 "나이가 들어 소화 기능이 떨어진 사람에게 이런 좋은 벗이 생겨서 참으로 다행한 일이야." 하고 말했을 정도로 고추장을 사랑했고요.

성종 임금은 "세상에, 밥맛이 이렇게 좋을 수 있다니! 놀라운 일이로다." 하면서 이천 쌀을 진상품으로 올리라고 했어요.

조선 최고의 요리사가 만든 최고의 음식을 드시는 임금님들께 무슨 일이 있었던 걸까요? 지금은 평범하기만 한 음식들이 그때는 왜 그렇게 맛있었던 걸까요?

　이 책에는 우리나라 역사와 음식에 얽힌 여러 가지 이야기를 담았어요. 잡채는 임진왜란이 끝나고 나라가 혼란한 틈에 만들어졌어요. 초당두부는 깨끗한 동해 바닷물을 길어다 쓸 수 있는 강릉에서 만들었고요. 인삼이 들어간 삼계탕에는 우리나라 최초로 인삼을 재배하게 된 사연이 숨었어요. 연잎밥에는 방부 효과가 있는 연잎으로 도시락을 대신하는 조상들의 지혜가 담겼고요. 도루묵에는 상황에 따라 뒤바뀌는 사람의 마음을 따끔하게 꼬집는 가르침이 있어요.

　예나 지금이나 음식은 아주 중요해요. 누구라도 먹지 않고는 살 수 없으니까요. 하루 세 끼, 날마다 먹는 음식이라도 이야기와 함께하면 더욱 맛있고 즐겁답니다.

　자, 역사 동화 한 숟가락을 맛있게 떠먹어 볼까요?

콩으로 만든 최고의 발효 식품 된장

된장 이야기를 해 볼까?

된장은 간장, 고추장과 함께

한국을 대표하는 저장 식품이야.

우리 조상들은 먼 옛날 삼국 시대부터 집집마다

메주를 쑤어 장을 담그고 된장을 만들어 먹었어.

아무리 가난한 집이라도

장만 담가 놓으면 반찬 걱정이 없었지.

전쟁이 나서 임금이 피난을 떠날 때도 장을 챙겼단다.

반찬의 기본인 장만 있으면 밥을 먹을 수 있기 때문이지.

언제 어디서나 가장 어려운 순간에도

우리 곁을 지켰던 된장!

그 이야기는 바로 바로……

조선 선조 임금 때 일이야. 임진왜란을 일으켰던 일본이 5년 만에 또다시 수십만 대군을 이끌고 쳐들어왔어. 정유재란이 시작된 거야.

"전하, 왜적의 총공격을 당해 내지 못하고 남원성과 전주성도 무너졌다고 하옵니다."

다급한 보고에 임금이 탄식했어.

"아, 이 일을 어쩌면 좋단 말인가?"

신하들은 할 말을 잃고 고개를 숙였지. 임진왜란 때 전쟁 준비가 안 되어 있던 조선은 거침없이 밀고 올라오는 왜적을 맞아 싸울 힘이 없었어. 제대로 된 싸움 한번 해 볼 수 없었던 거야. 임금과 신하들은 수도 한양과 궁궐, 백성을 버리고 급하게 의주로 피난을 떠났어. 이순신 장군과 전국 각지에서 일어난 의병들이 목숨을 걸고 싸웠지만, 나라는 왜적에게 짓밟혀 쑥대밭이 되고 말았지.

일 년 반 정도의 피난살이를 마친 임금이 한양으로 돌아왔어. 전쟁의 참상°은 말로 표현할 수 없을 정도로 끔찍했단다. 집들은 불타고 들판에는 전쟁, 굶주림, 전염병으로 죽은 사람들의 시체가 산을 이루었지. 임금이 침통한 표정으로 입을 열었어.

"적들이 멧돼지처럼 돌진해 오는데 싸울 힘이 없으니……. 다시 피난

참상 비참하고 끔찍한 상태나 상황.

을 가야 하지 않겠느냐? 어디로 가면 좋을지 말해 보라."

피난을 반대하는 신하는 없었어. 모두들 한양을 지키고 싶은 마음이야 컸지만 어쩔 수 없는 일이라는 듯 우물우물 의견을 냈지.

"파주로 가시는 게 어떻겠사옵니까?"

"파주보다는 강화도가 더 안전할 듯하옵니다."

여러 의견이 오가다가 평안북도 영변이 좋겠다는 의견이 나왔어.

"영변은 땅이 기름져서 농산물이 많이 납니다. 많은 사람들이 오랜 시간 머물러야 하는 피난지로 영변만 한 곳이 없을 듯하옵니다."

임금이 고개를 끄덕이자 몇몇 신하들이 적극 찬성을 하고 나섰어.

"영변이라면 구룡강이 있어 적의 공격을 막는 데도 유리합니다."

"만약의 경우에는 압록강을 건너 중국으로 갈 수도 있습니다."

신하들의 의견이 영변으로 모아지고 있을 때였어. 평안도 절도사를 지냈던 신잡이라는 신하가 앞으로 나와 머리를 조아리며 말했어.

"전하, 피난지가 결정되면 반드시 미리 가서 준비해야 할 것이 있사옵니다."

임금은 놀라 눈을 크게 뜨고 물었지.

"그것이 무엇인고?"

"예, 장이옵니다. 아무리 고된 피난살이라도 장만 있으면 먹고살 길이 있사옵니다."

"장이라고?"

옆에 섰던 신하들이 비웃었어.

"이 전쟁 통에 장을 준비하자니, 한가롭기 짝이 없는 사람이로군!"

하지만 고개를 끄덕이는 신하들도 있었어.

"좋은 생각입니다. 피난지에서도 간장과 된장이 있어야 먹고살 수 있는데, 한양에서 운반하기에는 너무 멀고 무게도 무거워서 어려움이 많습니다. 미리 가서 장을 담근다면 운반하는 수고를 덜고 그 양도 많아 큰 도움이 될 듯하옵니다."

"그렇사옵니다. 고기가 없어도 맛 좋은 된장만 있으면 여러 가지 음식을 만들 수 있사옵니다. 급할 때는 채소를 찍어 먹어도 좋지요. 간장과 된장만 있으면 반찬 걱정이 없사옵니다."

그러자 먼저 의견을 냈던 신잡이 덧붙였어.

"된장은 영양이 풍부하여 건강에도 좋고, 몸을 치료하는 데도 효과가 있습니다. 그 성질이 차고 짠 데다 독성이 없어 뱀에게 물리거나 벌레에 쏘였을 때 바르면 독을 풀어 주기도 하지요. 물과 불에 데거나 다쳐서 상처가 났을 때 바르면 치료가 됩니다. 그러니 수많은 사람들이 다치고 죽는 이 전쟁 통에 된장만 한 것이 또 어디에 있겠습니까?"

임금이 고개를 끄덕이자 자안이라는 신하가 아뢰었어.

"된장과 평안도를 잘 아는 신잡을 먼저 영변으로 보내 장을 담그게 하는 것이 좋겠사옵니다."

하지만 유천이라는 신하가 반대를 하고 나섰어.

"다른 사람은 몰라도 신잡은 절대 안 됩니다."

그러자 자안이 의아한 표정으로 물었지.

"무슨 까닭이지요?"

"맛있는 장을 담그기 위해서지요. 농사처럼 장도 일 년에 한 번 담그는데 잘못하면 일 년을 망칩니다. 맛없는 밥상을 일 년 동안 받아야 하니까요. 그래서 장은 부정한 사람을 막고 몸과 마음을 깨끗이 한 다음 좋은 날을 잡아 담급니다. 책력°에 따르면 신일(辛日)은 장을 담그는 데 좋지 않은 날입니다."

유천의 대답을 들은 자안이 어처구니없다는 표정을 지으며 말했어.

"호오, 신잡의 성이 '신'이라서 안 된다는 거요? 신일(辛日)의 신(辛)은 매울 신이고, 신잡의 신(申)은 성씨예요. 소리는 같지만 한자가 전혀 다릅니다."

머쓱해진 유천은 헛기침을 하며 우물쭈물 뒤로 물러섰어.

"저는 다만 장을 담글 때는 신중해야 한다는 뜻이었습니다."

임금은 자안의 의견을 받아들여 신잡을 장 담그는 관리 합장사로 임명하고 영변으로 파견했지.

"한시도 지체 말고 바로 가서 장 담글 준비를 시작하라. 내 친히 장맛을 보리라."

책력 일 년 동안의 월일, 절기, 특별한 기상 변동 따위를 날의 순서에 따라 적은 책.

"예, 성은이 망극하옵니다."

신잡은 서둘러 길을 떠났어. 영변에 도착했을 때는 가을걷이°가 끝나고 김장과 메주 쑤기가 한창이었지.

신잡은 노랗게 잘 익은 메주콩을 구했어. 그리고 벌레가 먹었거나 썩은 것을 골라냈지. 커다란 함지박에 굵고 단단한 콩들이 가득 찼어. 콩들은 햇빛을 받아 반짝반짝 빛났지.

"콩 한 알 한 알에 우주가 담겼구나!"

신잡은 잘 여문 콩을 만져 보며 감사 기도를 올렸단다.

"천지신명이시여, 감사하나이다."

본격적인 메주 쑤기가 시작되었어. 먼저 우물물을 길어 메주콩을 깨끗이 씻은 다음, 가마솥에 붓고 장작불을 지폈지. 장작불이 이글이글 타오르고, 가마솥에서 김이 모락모락 피어올랐어. 얼마쯤 지나자 콩이 익는 구수한 냄새가 사방으로 퍼져 나갔지.

콩이 무르익으면 절구에 넣고 찧었어. 두 사람이 마주 보고 서서 번갈아 가며 찧는 거야.

"쿵! 쿵!"

메주를 찧는 사람들 이마에 구슬땀이 맺혔어. 찧을수록 굵은 콩알은

가을걷이 추수. 가을에 익은 곡식을 거두어들임.

납작납작 으깨졌지. 콩알이 듬성듬성 보일 즈음 신잡이 말했어.

"그만하면 되었다. 꺼내어 메주를 만들어라."

메주는 목침°처럼 네모난 각이 생기도록 만들었어. 볏짚을 깔고 2~3일간 말린 다음 지푸라기로 끈을 매달아 바람이 잘 통하는 처마 밑에서 오랫동안 말렸지. 시간이 지나면서 메주에서는 꽃이 피듯이 곰팡이가 피어났어. 신잡의 입가에는 만족스러운 미소가 감돌았단다.

"으음, 할아버지 수염 같은 곰팡이도 피고, 그늘에 사는 이끼 같은 곰팡이도 피고……. 훌륭한 메주가 되어 가고 있구나."

메주가 잘 뜨고 있었던 거야. 그렇게 한 달이 지났어. 한양에서는 아무 소식도 들려오지 않았지만, 신잡은 장 담글 준비를 서둘렀어. 아침 일찍 일어나 깨끗하게 목욕을 하고 천지신명께 절을 올렸지.

"모쪼록 맛있는 장이 되게 해 주소서!"

첫새벽에 우물물을 길어 소금물을 만들고 메주를 깨끗이 씻어 햇볕에 말렸어. 그런 다음 차곡차곡 항아리에 넣고 소금물을 부었지. 맨 위에는 빨갛게 달군 참숯을 띄우고, 꼭지를 떼지 않고 불에 구운 붉은 고추와 빨간 대추도 띄웠어. 그리고 항아리 위에는 망사를 씌워 두었어. 햇볕이 쨍쨍한 날에는 볕을 쪼이고, 비가 내릴 때는 뚜껑을 덮어 빗물이

목침 나무토막으로 만든 베개.

스며들지 않게끔 한 거야. 그렇게 해서 불순물과 냄새를 없애고 맑은 장을 만들었어.

한양에서는 여전히 소식이 없었지만, 항아리 속의 장은 맛있게 익어 갔어. 20~30일이 지나고 메주를 건졌어. 건진 메주에 골고루 소금을 뿌리고 간장도 좀 쳐서 질척하게 개었지. 그리고 항아리에 꼭꼭 눌러 담은 다음 웃소금°을 뿌렸어. 이제 비로소 된장이 만들어진 거야.

하지만 한양의 임금과 신하들은 영변으로 피난을 오지 않았어. 이순신 장군이 벌 떼처럼 몰려오는 왜적들을 당당하게 물리쳤거든. 거북선을 앞세우고 바다로 나가 목숨을 걸고 싸운 거야. 왜적들은 이제 이순신이라는 이름만 들어도 벌벌 떨며 물러설 지경이었어. 전쟁이 막바지에 이른 거지.

그러던 어느 날 한양에서 전령°이 달려왔어.

"산 좋고 물 좋은 영변 된장 맛이 궁금하구나. 수라상°에 올릴 된장을 가지고 한양으로 돌아오라."

신잡은 작은 항아리에 된장을 담아 가지고 한양으로 돌아왔어. 임금은 된장 맛을 보고 몹시 감탄했지.

"된장이 이처럼 맛있는 줄 내 미처 몰랐구나!"

웃소금 된장, 간장 따위를 담근 다음 그 위에 뿌리는 소금.
전령 명령을 전하는 사람.
수라상 궁중에서, 임금에게 올리는 밥상을 높여 이르던 말.

하지만 신잡이 담근 영변의 된장은 결국 근처에 사는 백성들에게 돌아갔어. 전쟁이 끝나 임금이 피난을 가지 않았고, 무엇보다 전쟁을 치른 백성들의 생활이 말할 수 없이 비참했거든. 백성들에게 한 줌의 된장은 곧 생명과도 같았어.

"된장만 있으면 풀이라도 뜯어서 끓여 먹을 수 있지."

"암, 그렇고말고. 된장만 있으면 굶어 죽지는 않지."

백성들은 그렇게 된장으로 속을 풀며 하루하루를 살았단다. 그러다 보니 세월이 흘렀고, 전쟁의 상처도 차츰차츰 아물어 갔어. 된장과 함께 힘든 시기를 넘긴 거야.

이렇게 된장은 반만년 역사를 우리 조상들과 함께했어. 지금까지도 한국인에게 널리 사랑받고 있는 된장은 콩으로 만들어져 영양이 풍부하고, 발효 식품이라 소화와 흡수가 잘되지. 그뿐만 아니라 암을 예방하는 효과까지 있단다. 한국인의 된장 사랑에는 다 이유가 있는 거라고.

매운맛으로 입맛을 돋우는 고추장

고추장 좋아하니?

혹시 아니더라도 떡볶이는 좋아하겠지?

비빔밥에는 꼭 고추장을 넣어 비빌 테고!

세계적으로 고추를 먹는 나라는 많지만

고추장을 담가 먹는 나라는 우리나라뿐이란다.

예로부터 된장을 담가 왔고,

그 무엇보다 고추의 매운맛을 좋아했기 때문이지.

조선 시대 영조 임금은 고추장을 대단히 좋아했어.

나이가 들수록 더욱 좋아했는데,

자신이 그토록 중요시한 탕평책을 거스른 신하였어도

그 집의 고추장만은 미워할 수 없었단다.

그 이야기는 바로 바로······.

영조 임금이 왕위에 오른 지 25년째 되던 해였어. 수라상을 받은 임금이 밥을 몇 번 뜨지 않고 숟가락을 내려놓으며 말했지.

"그만 상을 물려라. 도무지 입맛이 없구나."

신하들 얼굴에 근심이 가득했어. 수라상을 올린 신하가 임금 앞에 꿇어 엎드렸지.

"전하, 건강을 생각하셔서 조금 더 드시는 것이 어떻겠사옵니까?"

임금은 생각에 잠겨 천천히 고개를 저었어. 신하는 재차 물었어.

"혹시라도 드시고 싶은 음식이 있으면 말씀해 주시옵소서."

순간, 임금의 눈썹이 꿈틀 움직이더니 입가에 미소를 지으며 말했어.

"자꾸 고추장 생각이 나는구나. 짜고 매운 고추장이라면 잃어버린 입맛을 되찾을 수도 있을 것 같고……."

놀란 신하의 목소리가 높아졌어.

"전하, 고추로 담근 고추장 말씀이옵니까?"

"그래, 그 고추장 말이다. 내가 어릴 적에 아버지 밥상에 고추장이 오르는 걸 보았어. 그즈음 아버지는 통 식사를 못 하셨는데, 고추장이 오르자 달콤하다며 맛있게 드셨지. 그걸 보고 나도 따라 고추장을 입에 댔는데 어찌나 맵고 혀가 얼얼한지 입안에 불이 난 것 같았어.

'헉, 헉!'

손부채질을 하며 당황하는 나를 보고 아버지께서 껄껄 웃으셨지.

'이렇게 맛있는 걸 못 먹는단 말이냐? 입맛이 없을 때는 고추장만 한 것이 없느니라.'

그러고는 밥 한 그릇을 뚝딱 비우셨어. 나도 이제 고추장의 그 달콤한 맛을 느껴 보고 싶구나."

"예, 분부 받들겠사옵니다."

수라상을 올린 신하는 곧장 임금의 건강을 돌보는 내의원으로 부리나케 달려갔어. 고추에는 독이 있어 그 당시에는 음식보다는 약으로 쓰였기 때문이야. 고춧가루가 들어가는 고추장 역시 병을 치료하는 내의원에서 약으로 관리했지.

"대감, 전하께서 고추장을 찾으시옵니다."

내의원의 총책임을 맡고 있는 부제조가 의원들과 함께 고추장을 들고 임금을 찾았어.

"전하, 고추장이옵니다."

"그래, 한입 먹어 보자꾸나."

임금은 고추장 맛을 보았어. 의원들과 신하들은 숨을 죽이고 임금의 다음 말을 기다렸지.

"으음, 그래. 바로 이 맛이로구나. 고추장은 단순히 맵기만 한 게 아니야. 매우면서도 달콤하고 구수하지. 내 고추장에 밥을 좀 비벼 먹고 싶구나."

임금의 말에 신하들 얼굴도 밝아졌단다. 오랜만에 밥 한 그릇을 다 비운 임금이 환한 얼굴로 말했지.

"맛있게 잘 먹었다. 고추장만 들어가면 입안에 침이 돌고 밥이 술술 넘어가는구나."

"전하의 체질과 입맛에 고추장이 딱 들어맞는 모양이옵니다."

의원의 말에 임금이 고개를 크게 끄덕였어.

"그래, 그런 것 같구나. 참으로 다행한 일이야. 나이가 들어 소화 기능이 떨어진 사람에게 이런 좋은 벗이 생겨서."

그날부터 임금은 고추장이 있어야 식사를 했어. 날마다 고추장이 올라올 때까지 밥을 먹지 않고 기다렸지. 내의원에서는 약재를 구하듯이 사방으로 수소문하여 맛있는 고추장을 구해 올렸어.

그러던 어느 날이었어. 고추장 맛을 본 임금이 더없이 흡족한 표정을 지으며 말했어.

"흠, 오늘 이 고추장은 맛이 참으로 오묘하구나. 매콤하면서도 달착지근한 것이 혀에 착착 감기는 것 같아. 지금까지 맛본 고추장 중에 최고로구나. 이렇게 맛있는 고추장을 어디에서 구했느냐?"

내의원 신하가 대답했어.

"사헌부에서 일했던 조종부의 집에서 가져왔사옵니다."

"사헌부의 조종부라……."

순간, 임금의 얼굴이 어두워졌어. 영의정 이천보의 잘못을 낱낱이 고해 바치던 조종부의 굳은 얼굴이 떠올랐거든. 조종부와 이천보는 서로 뜻이 맞지 않는 사이였어.

"전하, 영의정 이천보는 자신의 집에서 부리는 종의 아내를 빼앗고, 종을 병들어 죽게 한 죄인이옵니다. 큰 벌을 내려 조정의 기강을 바로잡아야 할 줄로 아옵니다."

하지만 임금은 조종부의 말만 듣고 이천보를 내칠 수 없었어. 당시에는 신하들이 서로 당을 만들어 상대편 당을 헐뜯고 싸움을 일삼고 있을 때였거든. 임금은 그런 싸움을 막고 나라를 안정시키기 위해 왕위에 오르자마자 탕평책을 쓰기 시작했어. 임금이 어느 당의 편도 들지 않고 모든 당에서 인재를 골고루 등용하여 공평한 정치를 펼치는 거지. 임금의 그러한 노력에도 불구하고 신하들의 싸움은 그치지 않았어. 서로 자기 의견만 옳다고 주장하며 수단과 방법을 가리지 않고 상대편을 몰아내려고 애썼지.

'조종부도 충분히 그럴 가능성이 있어.'

임금은 무거운 마음으로 명령을 내렸어.

"정승의 일을 어찌 함부로 판단하겠느냐? 다시 조사해 보도록 하라."

그렇게 해서 이천보는 다시 조사를 받았지.

"하늘을 우러러 맹세코 그런 일은 없었습니다. 종의 아내를 욕되게 한 것은 포도대장이며, 그 일로 종은 병들어 죽었습니다. 제가 한 일이 아닙니다."

이천보는 억울함을 호소했어. 조사를 해 보니 이천보의 말은 사실이었어. 조종부가 모함을 한 거야.

"괘씸한 일인지고."

임금은 조종부의 벼슬을 빼앗고 거제도로 유배°를 보냈어.

그런데 이 맛있는 고추장이 조종부의 집에서 가져온 것이라니 마음이 복잡했어. 고추장을 생각하면 조종부를 다시 불러오고 싶지만, 나랏일을 생각하면 있을 수 없는 일이었지.

'고추장 맛이 다디달다마는……'

임금은 잠시 고추장에 빼앗겼던 마음을 접었단다.

'조종부는 탕평책을 거스른 인물이야. 아무리 고추장이 맛있다 한들 절대 용서할 수 없지.'

그렇게 영조 임금의 고추장 사랑은 스무 해 가까이 이어졌어. 어느덧 왕위에 오른 지 45년, 나이는 75세가 되던 해였어.

노인이 된 임금에게 신하가 물었어.

"전하, 요즘 올리는 고추장 맛이 어떻사옵니까?"

유배 죄인을 시골이나 섬으로 귀양 보내던 일.

"이것도 이제는 물렸다."

신하들은 걱정스러운 마음에 갖가지 음식을 올리며 임금의 입맛을 돋우려고 애썼지. 그러던 어느 날, 임금이 오랜만에 맛있게 식사를 했어.

"송이버섯, 살아 있는 전복, 꿩고기, 고추장은 네 가지 별미라. 이것들 덕분에 잘 먹었다. 이렇게 보면 내 입맛이 아직 완전히 늙지는 않았나 보구나."

임금의 말을 듣고 곁에 있던 신하가 말했어.

"그러시면 살아 있는 전복을 받들어 올리겠사옵니다."

하지만 임금은 손을 내저었어.

"그만두어라. 먹고 싶다고 어찌 다 먹을 수 있겠느냐. 살아 있는 전복이 이 상에 올라오기까지는 너무나 많은 공이 든다. 백성들에게 그런 폐를 끼쳐서는 아니 되느니라."

"성은이 망극하옵니다."

신하들이 머리를 조아리자 임금이 말을 이었어.

"요즈음 벼멸구와 메뚜기 떼가 들끓어 농작물에 피해가 많다고 들었다. 백성들이 그런 고통을 받고 있는데, 내가 어찌 먹을 것에 욕심을 부리겠느냐. 정당하게 공물로 바치는 것 외에 다른 것은 일절 받지 않도록 하라. 다만 한 가지 맛보고 싶은 것은……."

"무엇이옵니까?"

신하들이 입을 모아 물었어.

"고추장 중에 고추장, 예전에 조종부 집에서 가져왔던 고추장을 맛보고 싶구나! 어쩐지 그 고추장이라면 입맛이 생길 것도 같아 그런다."

신하들은 수라간°에서 일하는 요리사 중에 최고의 실력자를 뽑아 조종부 집에 보냈어. 하지만 요리사는 조종부의 집에서 고추장 담그는 비법을 배워 올 수 없었어.

"그때 임금님께 올렸던 고추장은 순창에서 올라온 것입니다. 그동안 저희 집에서는 그때 그 고추장과 똑같은 재료를 가지고 똑같은 사람이 똑같은 방법으로 담가 보았습니다만 어떻게 해도 그 맛이 나지 않았습니다. 그래서 지금까지도 그 비법을 전해 받지 못하고 순창에서 고추장을 가져다 먹고 있습니다."

조종부 집 안방마님의 말을 듣고 요리사가 의아한 표정으로 물었지.

"그게 사실이오?"

"예, 사실입니다. 저희도 그 까닭이 궁금하지만 도무지 찾을 길이 없었습니다. 혹시 찾게 되면 저희에게도 알려 주십시오."

그 말을 들은 요리사는 곧바로 순창으로 내려갔어. 순창 사람들은 자신들만의 방법으로 고추장을 만들고 있었어. 먼저 메주와 백설기를 합

수라간 임금의 진지를 짓던 주방.

쳐 메줏가루를 만들고, 엿기름과 찹쌀을 가루로 만들어 죽을 쑤었지. 그 죽을 식혀 메줏가루와 고춧가루를 섞고 마지막으로 소금을 넣었어. 그다음 장독대에서 한 달 정도 햇볕에 숙성을 시키면 맛있는 순창 고추장이 만들어지는 거야.

별다를 것 없는 비법에 요리사는 하늘과 장독대들을 둘러보았어.

"그 맛의 비결이 도대체 무엇이란 말인가?"

순창의 하늘은 맑고 푸르렀어. 바람은 부드럽고 햇살은 따사로웠지. 장독대 주변에는 붉은 봉선화가 피어 있었단다. 가만히 있어도 절로 기분이 좋고 마음이 편안해졌어. 그 순간 요리사는 무릎을 쳤어.

"아, 이거로구나. 맑은 물과 푸른 하늘 그리고 부드러운 바람과 따사로운 햇살! 기분 좋은 이 느낌이 보통의 고추장을 '순창 고추장'으로 숙성을 시키는구나."

그 뒤로 순창에서는 해마다 임금님께 고추장을 진상°했어. 최고의 고추장은 순창에서만 만들어졌으니까. 이 소문은 널리널리 퍼졌고 순창 고추장은 굉장히 유명해졌어. 그래서 오늘날까지도 '고추장' 하면 '순창 고추장'을 꼽을 수 있게 된 거지.

진상 진귀한 물품이나 지방의 토산물 따위를 임금에게 바침.

가지가지 채소를 섞어 만든 잡채

'동명이인(同名異人)'이란 말 들어 본 적 있을 거야.

이름은 같지만 서로 다른 사람을 일컫는 말이지.

그것처럼 이름은 같지만 서로 다른 음식이 있어.

잔칫상에 빠지지 않고 오르는 잡채인데,

처음 만들어진 조선 시대 잡채와

오늘날 당면이 들어간 잡채는 전혀 다른 음식이란다.

우리나라 최초의 잡채는 각종 채소를 삶거나 볶아 만들었는데

보기도 좋고 먹기도 좋고 영양도 좋았대.

이충이라는 신하는 임금께 잡채를 만들어 바치고

호조판서라는 높은 벼슬을 얻었는데,

어찌나 권세˚를 부렸던지 사람들이 '잡채 판서'라 불렀단다.

그 이야기는 바로 바로…….

권세 권력과 세력을 아울러 이르는 말.

임진왜란이 끝났지만 나라는 안정되지 않았어. 전쟁의 상처가 너무 컸거든. 수많은 집이 불에 타고 다리가 무너지고 전 국토가 폐허가 되었어. 설상가상으로 전염병까지 퍼져 백성들의 앓는 소리가 전국을 뒤흔들 지경이었단다.

"아이고, 배고파!"

"아, 이 고통이 언제 끝나려나?"

백성들은 눈물과 한숨 속에 하루하루를 힘겹게 살았어. 굶어 죽는 사람과 병들어 죽는 사람이 많아서 인구가 급격히 감소했지.

선조 임금은 피난에서 돌아왔지만 돌아갈 궁궐이 없었어. 한양에 있던 모든 궁궐이 불에 타 버렸거든. 하는 수 없이 남의 집을 빌려 살면서 창덕궁을 짓기 시작했어. 하지만 공사가 마무리되기 전에 선조 임금이 돌아가시고 광해군이 왕위에 올랐어. 광해군은 공사를 마무리 짓고 창덕궁으로 이사를 했지.

그러던 어느 추운 겨울날이었어. 수라상을 받은 광해군이 못마땅한 표정으로 고개를 가로저었지.

"도무지 먹을 만한 게 없구나."

겨우 궁궐로 돌아오긴 했지만 진수성찬은 차릴 수 없었던 거야. 초라한 수라상 앞에서 신하들은 머리를 조아렸어.

"전국이 꽁꽁 얼어붙어 뱃길이 막혔사옵니다. 날씨가 풀리면 지방에서 진상품˚들이 올라올 것이니 그때까지만 기다려 주십시오."

광해군이 버럭 화를 냈어.

"또, 또, 또, 그 소리! 지금 당장 먹을 게 없는데 날씨가 풀려 얼음이 녹길 기다리라고? 그게 도대체 언제란 말이냐?"

신하들은 고개를 숙인 채 아무 말도 못했어. 그때 이충이라는 신하가 앞으로 나섰어.

"전하, 소신이 눈밭을 헤쳐서라도 신선한 채소를 구해 맛있는 음식을 만들어 올리겠습니다."

이충의 말을 들은 다른 신하들의 눈이 휘둥그레졌어. 한겨울에 채소라니, 꿈속이 아니라면 도저히 불가능한 일이었지.

'이번에는 또 무슨 수작을 부리려는 거지?'

'이거 보통 일이 아니로군. 틀림없이 큰일이 벌어지고 말 거야.'

신하들 얼굴이 비 오기 직전의 우중충한 하늘처럼 먹빛이 되었어. 이충은 권력에 아부하고 약삭빠르기로 유명했거든. 그는 전쟁 중에도 수단과 방법을 가리지 않고 많은 재산을 모았어. 권력을 이용하여 부당한 이익을 챙긴 거지. 신하들은 이충을 아니꼬운 눈초리로 쏘아볼 따름이었어.

진상품 임금이나 높은 관리에게 바치는 물품.

하지만 광해군은 한껏 호기심을 드러내며 눈을 반짝였어.

"이 추위에 파릇파릇한 채소를 구할 수 있단 말이냐?"

"예, 옛말에 '정성이 지극하면 동지섣달에도 꽃이 핀다'고 했습니다. 정성만 있다면 한겨울이라고 어찌 채소를 구할 수 없단 말입니까?"

광해군의 얼굴에 웃음꽃이 피어올랐어.

"정성으로 구한다? 참으로 기특한 일이로구나. 내 그대 같은 신하가 있어 마음이 든든하다."

"황송하옵니다, 전하."

이충은 궁궐을 나와 곧장 집으로 갔어. 남은 신하들은 수군댔지.

"믿는 구석이 있긴 있는 것 같지요?"

"그러게 말입니다. 워낙 음흉한 사람이니 땅굴이라도 파서 채소를 기르고 있을지 누가 압니까?"

신하들의 추측은 사실이었어. 이충은 집안의 가장 깊숙한 곳에 온실을 만들었던 거야. 자물쇠가 채워져 있어 겉으로 보기에는 보통의 방처럼 보였지만 안에는 각종 채소가 자라고 있었지. 온돌에 흙을 두툼하게 깔고 채소를 심어 가꾸었어. 채광창°에는 얇고 투명한 한지를 발라 햇빛이 들게 하고, 가마솥에 물을 끓여 수증기가 나오게 했지. 그렇게 해

채광창 햇빛을 받기 위하여 내는 창문.

서 일정한 기온과 습도가 유지되자, 바깥 기온이 영하로 뚝 떨어지고 눈보라가 몰아쳐도 온실 안은 언제나 따뜻하고 훈훈했어. 채소들은 무럭무럭 자라났지.

　온실을 둘러보는 이충의 입가에 잔잔한 미소가 흘렀어.

　"내 오늘을 위해 심고 가꾸었노라!"

　이충은 믿을 만한 요리사를 은밀하게 따로 불렀어.

　"이 채소들을 이용하여 최고의 음식을 만들 수 있겠느냐? 임금이 '이게 꿈이냐, 생시냐?' 하면서 살을 꼬집어 볼 정도로 보기도 좋고 먹기도 좋아야 하느니라."

　"여부가 있겠습니까? 비가 온 뒤에 높은 산마루에 걸리는 무지개처럼 오색찬란한 음식을 만들어 보겠습니다."

　이충은 무지개라는 말에 입이 헤 벌어졌어. 자신의 벼슬도 무지개처럼 찬란하게 빛나길 바랐거든.

　'우의정도 좋고, 좌의정도 좋고, 영의정도 좋고…….'

　이충은 조선 최고의 벼슬을 생각하며 빙그레 미소를 지었어.

　요리사는 능숙한 솜씨로 채소를 다듬고 씻었어. 오이, 무, 당근, 숙주나물은 먹기 좋은 크기로 길쭉길쭉하게 썰어서 볶았어. 표고버섯, 송이버섯, 참버섯, 석이버섯은 보기 좋게 찢어서 볶았지. 도라지, 냉이, 미나리, 가지는 끓는 물에 살짝 데쳐 볶았단다. 그리고 꿩고기를 잘게 다져 끓인 다음 된장, 참기름, 밀가루를 넣어 양념을 만들었어.

볶은 재료를 다시 기름간장에 볶아 섞은 다음 접시에 담고 꿩고기로 만든 양념을 끼얹었어. 그 위에 양념으로 전초, 후추, 생강을 뿌렸지. 아주 먹음직스러운 음식이 만들어진 거야.

이충은 이 음식을 광해군께 바쳤어.

"전하, 가지가지 채소를 섞어 만든 잡채라 하옵니다."

광해군이 침을 꼴깍 삼키며 말했어.

"잡채라……. 참으로 귀하고 맛깔스러운 음식이로다. 가지가지 채소가 섞였으니 영양이 풍부함은 말할 것도 없고, 채소가 나지 않는 겨울에 먹으니 그 맛 또한 기가 막히도다. 내 그대의 공을 잊지 않겠노라."

그날부터 이충은 아침저녁으로 잡채를 만들어 임금께 바쳤어. 날마다 채소 종류를 달리하여 물리지도 않고 채소 특유의 맛과 향을 즐길 수 있는 잡채였지. 광해군은 수라상이 올라와도 이충의 집에서 잡채가 와야 수저를 들 정도로 잡채를 좋아했어.

"참 맛있구나. 채소가 이렇게 맛있는 걸 예전에는 왜 몰랐을꼬."

먹을 때마다 감탄도 아끼지 않았어. 그러고는 이충에게 호조판서라는 높은 벼슬을 내렸지.

하루는 궁궐 공사에 힘을 쓰던 광해군이 신하들의 반대에 부딪히자 호조판서 이충을 불러 물었어.

"새 궁궐을 짓는 것에 대해 반대가 많은데 그대는 어찌 생각하는고?"

광해군은 창덕궁에 이어 창경궁, 경운궁까지 지었어. 그 공사만으로도 백성들에게는 큰 부담이었지. 그런데도 궁궐을 더 짓고 싶어 한 거야. 이충은 이런 광해군의 마음을 잘 알고 있었어. 비위를 맞추기 위해 달콤한 말을 늘어놓았지.

"반드시 지어야지요. 여러 궁궐을 지어서 만약의 사태에 대비하고, 평소에는 가장 마음 편한 궁궐을 골라 지내시는 게 마땅하다고 생각합니다."

"그렇지, 그렇고말고."

광해군은 고개를 크게 끄덕이고 나서 약간 걱정스러운 목소리로 다시 물었어.

"백성들은 어찌 생각할 것 같으냐?"

"물론 좋아하지요. 임금이 사시는 궁궐을 짓는 데 불만을 품는다면 어찌 전하의 백성이라 할 수 있겠습니까?"

이충의 말에 광해군이 크게 웃었어.

"하하하, 그 말 참 마음에 드는구나. 맛있는 잡채를 먹을 때처럼 마음이 뿌듯해."

하지만 그건 백성들의 마음을 몰라도 너무 모르는 말이었어.

"궁궐을 또 짓는다고? 우리는 어찌 살라고."

"아이고, 차라리 죽는 게 낫겠어."

백성들의 고통도 모르고 광해군은 궁궐 공사를 강행°했어. 공사의 총책임을 맡은 이충은 수단과 방법을 가리지 않고 공사비를 걷었고, 백성들을 동원해서 일을 시켰지. 백성들을 혹사°시키면서 월급은커녕 밥도 주지 않았어. 도시락을 싸지 못하는 백성들은 일하다 굶어 죽기 일쑤였지. 농사를 책임져야 할 가장이 동원된 가정에서는 한 해 농사를 망치기도 했어. 백성들의 고통은 이루 말할 수 없었지만 이충은 눈도 깜짝하지 않았어.

"좀 더 빨리 하지 못할까?"

도리어 계속 재촉하고 다그쳤지. 어찌나 악랄하게 굴었던지 백성들의 원성°이 하늘을 찔렀어. 이충이 지나가면 어린아이까지도 침을 뱉고 손가락질을 했단다.

"퉤, 저놈이 잡채 판서 이충이야."

"더럽고 치사하고 호랑이보다도 더 무서운 놈이지."

"도둑놈, 공사비만 안 빼먹어도 이보다는 나을걸."

"그러게 말이야. 반은 제 것이라면서?"

이충이 몰래 공사비를 빼돌려 백성들의 고통이 더 컸던 거야. 그러나

강행 어려운 점을 무릅쓰고 행함.
혹사 혹독하게 일을 시킴.
원성 원망하는 소리.

잡채에 마음을 빼앗긴 광해군은 이충의 말이라면 팥으로 메주를 쑨다고 해도 믿을 정도였어. 그렇게 믿었던 이충이 죽자 광해군은 몹시 슬퍼하며 이틀 동안 조회도 열지 않고 관곽°과 부의금을 내렸어.

"참으로 아까운 인재를 잃었도다. 그대는 백성들의 원망을 받으면서도 나라를 위해 맡은 일에 온 마음을 다했다."

그러고는 죽은 이충에게 우의정 벼슬을 내렸어. 잡채의 위력이 그 정도로 대단했던 거지.

이렇게 여러 가지 채소를 볶아 만든 우리나라 최초의 잡채는 이충이 광해군에게 뇌물로 바쳤던 음식이란다. 오늘날 당면이 들어간 잡채는 1920년 이후에나 만들어지기 시작했어. 귀한 채소를 대신해 값도 싸고 양도 많은 당면을 넣은 거지. 요즘에는 당면에 채소를 넣은 평범한 잡채에서 해물잡채, 어묵잡채 등 더욱 다양한 잡채가 만들어지고 있단다.

관곽 시체를 넣는 속 널과 겉 널을 아우러 이르는 말.

김이 모락모락 나는 하얗고 기름진 쌀밥

밥을 안 먹고 살 수 있을까?

빵이나 고기를 먹으면 된다고?

그럴 수도 있지. 빵과 고기만 먹고 사는 사람들도 있으니까.

하지만 한국 사람들은 뭐니 뭐니 해도 밥을 좋아해.

인사도 밥으로 할 정도지.

"밥은 먹었니?"

"밥이나 한번 먹을까?"

그런데 다 똑같은 밥인 것 같아도 특별히 맛있는 밥이 있단다.

경기도 이천의 쌀밥은

백 가지 반찬보다 더 맛있다는구나!

조선 시대 성종 임금 때부터 수라상에 올랐다는

이천 쌀밥 이야기는 바로 바로…….

조선 시대 성종 임금 때 일이야. 성종 임금은 할아버지 세종의 능(陵)을 성묘하기 위해 여주로 행차했어. 여주에 세종 대왕의 능이 있거든.

성묘 행차에는 수많은 사람이 함께했어. 행차를 알리는 깃발을 든 사람들, 왕을 호위하는 군사들, 왕의 시중을 드는 신하들 그리고 나랏일을 보는 문무백관˚이 따랐지.

길고 긴 행차는 여러 날 동안 이어졌어. 서울에서 여주까지 먼 길을 걸어가야 했거든.

임금이 탄 가마가 경기도 이천 고을을 지날 때였어. 이천 향교˚에서 공부하는 학생들이 길 왼쪽에서 공손하게 임금을 맞이했지.

"어서 오십시오, 전하."

임금은 행차를 멈추고 학생들을 둘러보았어. 학생들은 더욱 황공하여 머리를 깊이 조아렸지. 임금이 흡족한 미소를 지으며 이천 고을 부사 복승정에게 물었어.

"향교에서 공부하는 학생들이 몇 명이나 되느냐?"

복승정이 허리를 숙여 아뢰었어.

"56명이옵니다."

임금이 말했어.

문무백관 모든 문관과 무관.
향교 조선 시대의 지방 교육 기관.

"성묘를 마치고 궁궐로 돌아갈 때 이곳 이천에서 과거 시험을 열 것이니라. 학생들에게 과거 시험을 알리고 준비하도록 하라."

임금의 성묘 행차 기념으로 나라의 인재를 뽑는 과거 시험을 열겠다는 뜻이었어. 벼슬길에 나아가기 위해 공부하는 학생들은 물론, 고을 사람들에게도 영광스러운 일이었지. 과거 시험을 보러 서울까지 오가는 수고를 하지 않아도 되고, 합격하면 높은 벼슬길로 나아갈 수 있는 기회가 되었으니까. 복승정은 허리가 땅에 닿도록 인사를 했어.

"성은이 망극하옵니다."

다음 날 임금을 태운 가마가 여주의 대교천에 이르렀을 때였어. 갑자기 하늘이 어두컴컴해지더니 우르르쾅쾅 천둥 번개가 치고 비가 쏟아졌어. 너무나 갑작스러운 일이라서 미처 피할 겨를도 없이 일행은 고스란히 비를 맞아야 했지.

한참이 지나도 비가 그치지 않자 임금이 신하들에게 물었어.

"이렇게 계속 천둥 번개가 치고 비가 내리면 어떻게 할 것인가?"

"가을비라 며칠을 계속해서 내리지는 않을 것이옵니다. 날이 개기를 기다렸다가 제사를 행하는 것이 옳을 것으로 아뢰옵니다."

신하의 대답에 임금이 말했어.

"내일까지 날이 개지 않으면 옷이 젖고 용모가 단정치 못하여 제사를 행하기 어려울 것이다. 관원을 시켜 이곳 사정을 미리 알리고 그에 맞

게 준비하라고 일러라."

"예, 분부대로 행하겠사옵니다."

비는 계속 주룩주룩 내리고 행차는 중단되었어. 행차에 동원된 수많은 사람들은 예정에 없던 고을에서 묵어야 했지. 조용했던 고을이 손님맞이로 분주해졌어. 빗속에서도 음식을 준비하고 잠자리를 마련해야 했거든. 임금은 마음이 불편하고 몹시 걱정이 되었어.

"백성들에게 큰 폐를 끼치게 되었구나. 제사를 행하고 돌아가는 길에 은혜를 베풀겠노라."

고생을 하는 건 고을 사람만이 아니었어. 행차에 동원된 사람들도 비에 쫄딱 젖은 몸을 제대로 말릴 수조차 없었거든. 먹을 것도 시원찮고, 잠자리도 겨우 비나 피할 정도였지. 모두 피곤에 지쳐 쓰러졌지만 깊은 잠을 이룰 수 없었어.

다행히 다음 날은 하늘이 화창하게 개었어. 임금은 무사히 제사를 마칠 수 있었지.

"어제까지만 해도 제사를 행하지 못할까 걱정이 많았는데, 이렇게 날이 개어 참으로 다행이구나."

성묘를 마친 임금은 기쁜 마음으로 귀경길에 올랐어. 그런데 이게 어찌된 영문일까? 또다시 비가 내리기 시작하는 거야. 빗줄기는 점점 굵어지더니 점차 바람이 거세지고 차가운 눈비로 변했어. 어느새 겨울이 시작되고 있었어.

"어이, 추워."

행차에 나선 사람들은 몸을 오들오들 떨었어. 눈비를 맞은 옷은 꽁꽁 얼어붙어 고드름까지 달렸단다. 매서운 바람이 세차게 불어닥쳤지만 피할 길이 없었어. 추위에 떨다 동상에 걸린 사람들이 하나둘 픽픽 쓰러지기 시작했지. 행차 행렬은 그야말로 아수라장이 되었어.

"아, 이 일을 어쩌면 좋단 말인가?"

임금이 탄식하다 명령을 내렸어.

"동상에 걸려 길가에 쓰러진 사람들을 돌봐 주도록 하라."

눈비는 그치지 않고 갈 길은 멀기만 했어. 발을 뗄 때마다 질컥질컥한 진흙이 발바닥에 달라붙어 천근만근이나 된 듯 무거웠지. 몸이 흠뻑 젖은 사람들과 말들은 모두 꽁꽁 얼어붙었어. 임금이라고 별다를 건 없었지.

임금은 비옷을 입고 말을 탔는데, 추위에 지친 말이 그만 진흙 구덩이에 빠지고 말았어.

"히어어엉!"

말은 말할 것도 없고 임금의 옷 또한 진흙투성이가 되었지. 놀란 신하들이 달려왔어.

"전하, 괜찮으시옵니까?"

정승이 묻자 임금이 대답했어.

"괜찮으니 크게 신경 쓰지 말라."

그렇게 한 발 두 발 이동해서 이천 고을에 이르렀어. 임금을 비롯하여 행차에 동원된 모든 사람들은 완전히 지쳐 기진맥진한 상태였지.

그때 이천 고을 부사 복승정이 창고 문을 열었어. 창고에는 봄부터 가을까지 구슬땀을 흘리며 농사지은 쌀이 차곡차곡 쌓여 있었단다.

"쌀을 아끼지 말고 모든 사람들이 배불리 먹을 수 있을 만큼 많은 밥을 짓도록 하라!"

명령을 받은 고을 사람들이 힘을 합쳐 밥을 짓기 시작했어. 커다란 가마솥이 수십 개 내걸리고 장작불이 활활 타올랐지. 곧이어 가마솥에 김이 모락모락 피어오르고 구수한 밥 냄새가 솔솔 퍼져 나왔어.

반찬은 변변치 못했지만 밥은 고봉°으로 담긴 밥상이 준비되었어. 상을 받은 임금이 밥맛을 보고 놀라 물었어.

"오오, 밥맛이 꿀맛이로구나. 어떤 쌀로 밥을 지었느냐?"

복승정이 대답했지.

"올해 수확한 이천 쌀로 지었사옵니다."

"세상에, 밥맛이 이렇게 좋을 수 있다니! 놀라운 일이로다. 진상품으

고봉 그릇에 밥 등을 담을 때, 그릇 위로 수북하게 담는 방법.

로 올리도록 하라."

임금의 명령에 복승정은 이마가 땅에 닿도록 인사를 올렸어.

"성은이 망극하옵니다."

한편 행차에 동원된 문무백관과 수백 명의 군사와 신하들도 이천 쌀밥을 먹었어. 모두 지쳐 밥숟가락을 들 힘도 없었지만, 밥을 입에 넣는 순간 감았던 눈이 번쩍 뜨이는 표정을 지었지.

"우아, 맛있다."

"무슨 밥이 이렇게 달지?"

"부드러워서 술술 넘어가!"

사람들은 밥 한 그릇을 게 눈 감추듯 허겁지겁 먹어 치웠어. 여기저기서 더 달라는 소리가 들렸지.

"여기 밥 한 그릇 더 주세요!"

"예, 여기 있습니다."

밥을 다 먹은 후에는 가마솥에 누른 구수한 누룽지와 숭늉까지 나왔어. 그렇게 밥 한 끼를 잘 먹고 나자 사람들은 피로가 싹 가신 듯 되살아났단다.

"아아, 이제 좀 살 것 같다."

날이 개자 임금은 약속대로 이천에서 과거 시험을 치렀고 세 명의 합격자를 냈어.

"좋은 정치를 펼치도록 하라."

"예."

합격자들은 좋아서 입이 벙싯벙싯했지.

궁궐로 돌아온 임금은 은혜를 베풀어 이천 백성들의 세금을 절반으로 깎아 주었어.

이런 일이 있고 난 뒤, 이천 쌀은 임금님께 올리는 진상미가 되어 수라상에 올랐어. 성종 임금은 이천 쌀밥을 먹을 때마다 칭찬을 아끼지 않았단다.

"으음, 쌀은 역시 이천 쌀이로구나."

성묘 행차에 함께했던 사람들 역시 이천 쌀을 칭찬하느라 날 새는 줄 몰랐어.

"그 쌀밥 덕분에 우리가 살아났다니까."

"얼마나 맛있는지 안 먹어 본 사람은 상상도 못할 거야."

"밥이 희다 못해 푸르스름했어."

"기름기가 잘잘 흘렀지."

소문은 꼬리에 꼬리를 물고 전국 방방곡곡으로 퍼져 나가서 이천 쌀은 아주 유명해졌지.

예로부터 땅이 기름지고 물 조절이 수월한 이천은 벼농사가 잘되었어. 성종 임금 때부터는 임금님 수라상에 오르는 진상미가 되었지. 그 전통을 이어 오늘날에도 '임금님표 이천 쌀'이 생산되고 있는데, 쌀이라면 전국에서 첫손가락에 꼽을 정도로 품질이 좋고 밥맛도 좋단다.

강릉 부사의 정성이 담긴 초당두부

'물맛이 좋다.'는 말 들어 본 적 있니?
깨끗하고 맑은 물이면 다 똑같을 것 같지만
물에도 맛이 있어.
물맛이 좋으면 음식 맛도 좋아진단다.
조선 시대에 살았던 허엽이라는 사람은
강릉에 머물면서 맛있는 우물물을 마시다가
두부 만들 생각을 해냈어.
두부는 그 무엇보다 물맛이 중요하거든.
오늘날 강릉 초당두부로 알려진
그 두부 이야기는 바로 바로…….

조선 시대 임금들은 하루에 몇 시간이나 공부를 했을까? 정확한 시간을 계산할 수는 없지만 수시로 공부를 했어. 하루에 다섯 끼 식사를 했는데, 식사가 끝날 때마다 공부를 했거든. 어떤 날은 하루 종일 먹고 공부하기를 반복한 날도 있었지.

조선 시대 명종 임금 때 일이야.『홍길동전』을 지은 허균의 아버지 허엽이 저녁 공부에 참석했어. 그때 허엽은 조선 시대 최고 교육 기관인 성균관을 담당하고 있었지.

명종 임금이 허엽에게 물었어.

"나라가 발전하는 데 가장 중요한 것은 무엇인가?"

"나라를 이끌어 갈 실력 있는 인재를 뽑는 일입니다."

"으음, 인재란 말이지."

임금이 고개를 끄덕이자, 허엽이 말을 이었어.

"하지만 지금은 실력 있는 인재가 나오고 있지 않습니다. 제가 성균관을 맡고 있지만 감히 말씀 드리자면, 성균관에서 공부한 학생들의 실력을 믿을 수 없사옵니다. 진짜 실력 있는 학생들이 성균관에 들어오지 않고 있고, 들어왔다 하더라도 과거 시험을 보려고 하지 않기 때문이옵니다."

임금의 얼굴이 급격히 어두워졌어.

"왜 그런 일이 일어난 거지?"

"그것은 중종 임금 때 조광조 등 뛰어난 인재들이 서로 생각이 다른 이들의 시기와 모함을 받아 억울하게 죽거나 쫓겨났기 때문이옵니다. 그 누명이 아직까지도 벗겨지지 않았는데 어찌 밖으로 나올 수 있겠습니까?"

허엽의 말에 임금이 고개를 흔들었어.

"하지만 할아버지 왕 때 있었던 일을 어찌 감히 뒤집을 수 있단 말인가?"

임금으로서도 어쩔 수 없는 일이라는 뜻이었어. 그건 할아버지 왕의 잘못을 파헤쳐 욕보이는 일로, 손자가 할 일도, 해서도 안 되는 일이었지. 하지만 허엽은 물러나지 않았어.

"진실은 밝혀져야 하옵니다. 허자는 인재를 뽑을 때 청탁˚을 받지 않아 비방˚이 쌓여 쫓겨났고, 구수담은 제 몸을 돌보지 않고 충성을 다했는데도 사약을 받아야만 했습니다. 이렇게 억울한 일이 또 어디에 있겠습니까?"

임금의 얼굴이 눈에 띄게 굳어 갔지만 허엽은 말을 멈추지 않았어.

"특히나 사형은 사람의 목숨을 끊는 일이므로 여러 차례 조사하고 신문˚해서 억울한 일이 없도록 해야 합니다. 그런데 그 당시 대신들은 아

청탁 청하여 남에게 부탁함.
비방 남을 비웃고 헐뜯어서 말함.
신문 알고 있는 사실을 캐어물음.

무런 조사도 받지 못한 채 생때같은 목숨을 내놓아야 했습니다."

임금은 크게 한숨을 내쉬었어.

"흠……."

이제 제발 그만 멈추기를 바라는 표정이었지. 그러나 허엽은 자신이 하고 싶은 말을 끝까지 다했어.

"전하, 그때 억울하게 죽은 대신들의 누명을 벗겨 주시고, 쫓겨난 대신들의 관직을 되찾아 주십시오. 그리하여 정의가 살아 있다는 것을 보여 주십시오. 그러면 다시 학생들이 성균관으로 몰려들 것이고, 성균관에서 열심히 공부한 실력 있는 학생들이 과거 시험을 보아 관직으로 나아갈 것이옵니다. 이것이 곧 나라가 발전하고 부강해지는 길이 아니고 무엇이겠사옵니까?"

밤이 늦도록 토론이 이어졌지만 허엽의 말은 받아들여지지 않았어. 허엽과 생각이 다른 대신들이 앞다투어 반대를 했거든.

"말도 안 되는 소리이옵니다."

"잘잘못은 이미 가려졌고, 그에 마땅한 처벌이 있었을 뿐이옵니다."

"지난 일을 들쑤셔 분란을 일으키는 허엽을 가만두어서는 아니 되옵니다."

이 일로 허엽은 성균관을 비롯하여 맡고 있던 모든 관직에서 쫓겨나고 말았어.

"진실을 밝히기가 이토록 어렵단 말인가?"

허엽의 마음은 몹시 무거웠어. 하루하루가 살얼음판을 걷는 것처럼 위태위태했지. 허엽은 서울 생활을 포기하고 가족들이 있는 강릉으로 내려갔어.

강릉 생활을 하던 어느 날 임금이 관직을 내렸어.

"허엽을 강릉 부사로 임명하노라."

허엽의 주장을 받아들이기는 힘들었지만 실력 있는 관리를 그대로 둘 수는 없었던 거야. 허엽은 강릉 부사가 되고 나서도 쉼 없이 나라 걱정을 했어.

"아, 이 나라를 어찌하면 좋단 말인가?"

깊은 밤에도 잠을 이루지 못하고 뜰을 서성였지. 그러다가 울창한 숲속에서 길을 잃은 것처럼 머릿속이 막막해지면 뜰 한쪽에 자리 잡은 우물물을 떠 마시곤 했어.

"이 물처럼 깨끗하고 맑은 사람이 되고 싶었건만……. 가야 할 길이 멀고 암담하기만 하구나."

그러던 어느 날 밤이었어. 그날도 잠을 못 이루고 뜰을 서성이다 우물가로 갔지.

"이 맑은 물이라도 마실 수 있는 것을 복이라고 해야 할까?"

복잡한 마음을 추스르며 두레박에 물을 길어 올리는데, 문득 새하얀

두부가 머릿속을 스쳐 지나가는 거야.

"그래, 두부!"

하루 종일 먹은 거라고는 두부 몇 조각뿐이었어. 입맛이 없어 밥이 도통 넘어가질 않았거든. 그런데도 전혀 배고픈 줄 몰랐어.

"두부가 보통 음식이 아니구나. 조금만 먹어도 속이 든든해서 활동하는 데 아무런 지장이 없어. 영양도 좋고, 맛도 좋고!"

그런 생각이 들자 빙그레 미소가 지어졌어.

"이 깨끗하고 맑은 물로 두부를 만든다면……."

생각만으로 머릿속까지 개운해지는 것 같았어.

"오호, 내 당장 두부를 만들어야겠구나."

그때부터 허엽은 마음이 어수선할 때마다 온갖 정성을 다해 두부를 만들기 시작했어.

먼저 우물물을 떠다가 밤새 콩을 불렸어. 불린 콩은 맷돌로 곱게 갈아 무명°으로 만든 자루에 담아 꼭 짜서 콩물만 빼냈지. 빼낸 콩물은 가마솥에 붓고 서서히 저으면서 끓였어. 이때는 누가 불러도 모를 만큼 정신을 집중했어. 콩물이 끓을 때는 장작불의 세기가 아주 중요했거든. 까딱 잘못하면 콩물이 보그르르 흘러넘쳤어.

무명 무명실로 짠 천.

"으음, 이 정도면 되겠군."

그다음에는 콩물에 간수°를 넣어 응고°를 시켜야 했어. 하지만 강릉에는 천일염이 나지 않았어. 그래서 깨끗한 동해 바닷물을 길어다 썼지. 그렇게 해서 콩에 들어 있는 단백질 성분이 엉겨 순두부가 만들어지면, 그걸 다시 틀에 붓고 반듯한 나무판으로 눌러 굳혔어. 어느 정도 물이 빠지고 나면 뽀얀 우윳빛의 두부가 만들어졌단다.

허엽이 만든 두부는 맛이 무척 담백하고 고소했어. 허엽은 그 두부를 주변 사람들에게 아낌없이 나눠 주었지. 맛을 본 사람들은 두부 맛에 감탄했어.

"부들부들해서 술술 넘어가요."

"간이 삼삼해서 먹기도 좋고요."

"향은 또 얼마나 좋은지……. 흐음."

소문은 강릉 시내를 거쳐 멀리멀리 퍼졌어.

"강릉 관청에 가면 맛있는 두부가 있대요."

"부사가 직접 만든 두부래요."

"안 먹어 본 사람은 말할 수 없는 신비한 맛이래요."

그 뒤로 강릉 사람들은 허엽이 만든 두부를 '초당두부'라 불렀어. 허

간수 습기가 찬 소금에서 저절로 녹아 흐르는 짜고 쓴 물.
응고 액체 따위가 엉겨서 뭉쳐 딱딱하게 굳어짐.

엽의 또 다른 이름인 호가 '초당'이었거든.

하지만 허엽의 부사 생활은 그리 길지 못했어. 생각이 다른 대신들이 허엽에게 높은 관직을 주어서는 안 된다고 끊임없이 주장했거든.

"전하, 허엽은 지난 일을 들추어 나라를 혼란에 빠뜨릴 수 있는 사람이옵니다."

"그렇사옵니다. 허엽을 파면해야 하옵니다."

결국 허엽은 부사 자리에서 물러나야 했지만 두부 만들기는 계속되었어. 두부를 만들 때만큼은 비바람이 몰아치는 것처럼 혼란스럽던 마음이 바람 한 점 불지 않는 잔잔한 호수처럼 고요해졌거든.

"물맛만큼이나 두부 맛도 좋구나!"

허엽은 이 세상에 자신이 할 일은 오직 두부 만드는 것밖에 없다는 듯 두부를 만들고 또 만들었어.

허엽이 만들었던 초당두부의 비법은 약 350여 년 동안 알음알음으로만 전해져 내려왔어. 그러다가 100여 년 전부터 강릉의 몇몇 집에서 맛 좋은 우물물과 동해 바닷물을 길어다 쓰는 초당의 방식 그대로 두부를 만들었지. 그 두부를 강릉 시내에 내다 팔면서 소문이 널리 퍼졌어.

"초당두부는 야들야들 맛있어요."

"초당두부는 색깔이 뽀얗고 빛이 나요."

"초당두부는 향이 좋고 부드러워요."

그리고 1970년대가 되면서 허엽이 처음으로 두부를 만들었던 초당마을에 초당두부를 직접 만들어 파는 음식점들이 하나둘 생겨나기 시작했어. 그곳에서 두부 맛을 본 사람들은 그 맛을 잊지 못해 다시 찾았고, 초당마을은 '두부 마을'로 널리 알려지게 되었지. 지금도 초당두부는 전통의 방식을 고집하며 그 맛과 품질을 인정받고 있단다.

더위에 지친 몸을 달래 주는 삼계탕

무더운 여름날 가장 생각나는 음식은?

시원한 아이스크림을 외칠지 모르지만

우리 조상들은 뜨거운 삼계탕을 먹으며 더위를 물리쳤단다.

닭에 인삼이 들어가서 삼계탕이지.

오랜 옛날부터 인삼으로 유명한 충남 금산에서는

효자 강 선비 이야기가 전해져 내려와.

강 선비는 산삼으로 어머니 목숨을 구하고,

신비한 산삼의 효능을 알게 되었지.

그 후 씨를 구해 기르기 시작하면서 금산은 인삼의 고장이 되었고,

우리 조상들은 몸이 허약해졌거나 더위에 지쳤을 때

삼계탕을 끓여 먹으며 몸보신을 하게 되었단다.

그 이야기는 바로 바로……

지금으로부터 약 1,500여 년 전, 삼국 시대 때 일이야.

오늘날의 충청남도 금산군 남이면 성곡리에 강씨 성을 가진 선비가 살았어. 강 선비는 어렸을 적에 아버지를 잃고 어머니와 단둘이 어렵게 생활했어. 어머니는 들에 나가 나물을 캐고, 강 선비는 농사를 짓는 틈틈이 산에 가서 나무를 해다 팔아 하루하루 생계를 이어 갔지.

그렇게 둘이서 오순도순 살아가는데, 어느 날부터인가 어머니가 시름시름 앓기 시작하더니 그만 자리에 몸져눕고 말았어.

"어머니!"

효성이 지극했던 강 선비는 그날부터 어머니를 살리기 위해 온갖 정성을 다했어. 오만 가지 약은 물론이고 몸에 좋다는 것이 있으면 천 리를 마다하지 않고 달려가서 구해 왔지.

그러나 어머니의 병은 낫지 않았어.

"아, 어머니. 이 일을 어쩌면 좋아요?"

강 선비는 눈물을 흘리며 최후의 방법으로 진악산 관음굴에 들어가 기도를 올렸어.

"산신령님, 우리 어머니 병을 낫게 해 주세요."

간절한 기도는 몇날 며칠 계속되었어. 그러던 어느 날이었어. 기도를 하다 설핏 잠이 들었는데 꿈속에 산신령이 나타나 말했지.

"너의 정성이 참으로 갸륵하구나. 관음봉 바위 절벽에 가면 빨간 열매가 셋 달린 풀이 있을 것이다. 그 풀의 뿌리를 캐서 어머니께 달여 드리면 병이 나을 것이니라."

강 선비는 깜짝 놀라 눈을 뜨자마자 관음봉으로 달려갔어. 그곳에는 과연 빨간 열매가 셋 달린 풀이 있었어.

"오오, 산신령님. 감사하옵니다!"

강 선비는 두 손을 모아 산신령님께 감사의 기도를 올린 다음 잔뿌리 하나까지도 다치지 않게 조심해서 캤어. 그 뿌리를 소중히 품에 안고 집으로 돌아와 잘 달여서 어머니께 드렸지.

"어머니, 이것 좀 드셔 보세요."

눈을 감고 있던 어머니는 강 선비의 부축을 받고 겨우 일어나 약을 먹었어. 그런데 놀랄 만한 일이 일어났어. 어머니 얼굴에 금세 화색°이 감돌더니 훌훌 자리를 털고 일어난 거야.

"아, 개운하다!"

어머니는 깊은 잠을 달게 자고 일어난 것처럼 기분이 좋아 보였어. 강 선비는 더할 나위 없이 기뻤지.

"어머니, 이제 오래오래 건강하게 사셔요."

어머니는 흡족한 미소를 지으며 고개를 끄덕였어.

"그래, 그래야지. 네가 나를 살렸구나."

어머니의 병이 씻은 듯이 나은 것을 본 마을 사람들은 너도나도 강 선비의 효성을 칭찬했어.

"대단한 효자야."

"하늘도 강 선비의 마음을 알고 산삼을 내린 게지."

소문을 듣고 산삼을 찾아 관음봉에 오른 사람들도 있었어. 하지만 관음봉 절벽을 다 뒤져도 산삼은 보이지 않았지.

"허허, 참 이상한 일이로다."

허탕을 치고 돌아와서는 강 선비를 헐뜯는 사람들도 있었어.

"하늘이 내린 효자인 줄 알았더니 순 거짓말쟁이로군."

"거짓말이 아니라면 그 증거를 가져와 보지 그래?"

하지만 반대로 강 선비를 다시 보는 사람들도 있었지.

화색 얼굴에 드러나는 온화하고 환한 빛.

"하늘이 감동한 게야. 산삼은 아무나 볼 수 없어."

"그렇지. 강 선비 같은 효자만이 볼 수 있지."

이러쿵저러쿵 말들이 오가는 가운데, 강 선비가 다시 관음봉에 올랐어. 관음봉 절벽에는 여전히 빨간 열매가 셋 달린 산삼이 있었지.

"이렇게 그대로인데 왜 다들 없다고 했을까?"

강 선비는 고개를 갸웃갸웃하다 문득 좋은 생각이 떠올라 산삼의 씨앗을 받았어.

"씨앗을 뿌려 키우면 더 많은 사람이 먹고 건강해질 수 있을 거야."

뿌듯한 마음으로 산을 내려와 받아 온 산삼 씨앗을 밭에 뿌렸어. 얼마 뒤 씨앗에서 싹이 트고 이파리가 돋아났어. 강 선비는 그걸 정성스레 가꾸었지. 그렇게 몇 년이 지나자 뿌리가 점점 굵어졌어. 강 선비는 아픈 사람이 있으면 그 뿌리를 캐다 주어 병을 낫게 해 주었어.

"참으로 용하구나."

병이 나은 사람들은 좋아서 어쩔 줄 몰랐어. 그러고는 하나같이 강 선비가 가꾼 그 신기한 뿌리를 보고 말했지.

"어쩌면 이렇게 생겼을까? 꼭 어린아이 같아."

"맞아, 사람 모습과 똑같아."

그때부터 사람들은 이 뿌리를 사람 모습과 닮았다 하여 '사람 인(人)' 자를 써서 인삼(人蔘)이라 부르게 되었어.

이렇게 강 선비의 효심에서 금산 인삼의 역사가 시작되었어. 금산은 일교차가 크고 배수가 잘되어 인삼이 아주 잘 자랐어. 인삼을 재배하기 좋은 자연환경과 기후 조건을 갖추고 있었던 거지.

마을 사람들은 강 선비를 따라 하나둘 인삼 재배를 시작했어. 인삼은 점점 더 넓은 지역으로 퍼져 나갔지. 그렇게 많은 사람이 재배를 하다 보니 약으로만 쓰기에는 인삼이 남아돌 정도였어.

어느 해, 일 년 중 가장 덥다는 삼복더위가 찾아왔어. 강 선비는 더위에 지친 어머니를 위해 봄부터 잘 기른 암탉 한 마리를 잡았단다.

"맛있게 드시고 여름을 잘 나셔야 할 텐데……."

해마다 삼복에는 닭을 잡아 고아 드렸지만 한 해 한 해 나이가 들어 갈수록 어머니는 더위를 못 견뎌 하셨어.

"이제 연세가 있으니 닭만으로는 부족한데……, 좋은 방법이 없을까?"

한참을 고민하던 강 선비 머릿속에 인삼이 떠올랐어. 인삼을 드시면 기력을 되찾으실 수 있을 것 같았지. 하지만 어머니는 인삼을 달게 잡수시지 않았어.

"맛이 좀 쓰구나. 몸에 좋다니 먹기는 한다만!"

이맛살을 찌푸리며 억지로 드셨지. 강 선비는 그게 마음이 아팠어.

"몸에 좋은 인삼을 좀 더 맛있게 먹을 방법은 없을까?"

그때 잡아 둔 닭이 눈에 들어왔어.

"옳거니, 닭을 삶을 때 인삼을 넣어 볼까?"

그 생각이 들자마자 강 선비는 주저 없이 인삼 밭으로 달려갔어.

"닭을 좋아하시니 틀림없이 맛있게 드실 거야. 암, 그렇고말고."

밭에는 인삼이 무럭무럭 자라고 있었어. 강 선비는 그중에서도 뿌리가 굵고 잘 자란 인삼을 골라 캤지.

"어머니, 이건 약이 아니라 요리예요."

마치 어머니가 듣고 계시기라도 한 것처럼 조곤조곤 말을 하며 인삼을 깨끗이 손질했어. 그러고는 가마솥에 물을 많이 붓고 암탉과 함께 푹 고았지. 김이 오르고 가마솥 뚜껑이 들썩이면서 구수한 냄새가 흘러나왔어. 하지만 강 선비는 마음이 놓이지 않았어.

'닭과 인삼이 어우러져 새로운 맛이 나야 할 텐데…….'

강 선비가 조심스럽게 내놓은 음식의 국물 맛을 본 어머니가 말씀하셨어.

"닭에 향긋한 인삼 맛이 더해지니 참으로 기이한 맛이로다! 내 생전 이렇게 맛있는 음식은 처음이야."

마침내 강 선비 얼굴이 환해졌어.

"어머니, 맛있게 드시고 건강하세요."

어머니는 강 선비 말처럼 맛있게 먹고 무더운 여름을 거뜬하게 이겨

내셨어.

  이렇게 몸에 좋고 맛이 좋은 음식은 널리널리 퍼지기 마련이지. 닭에 인삼을 넣어 끓인 이 음식은 인삼을 재배하는 금산뿐 아니라 전국적으로 퍼져 나갔어. 그 후 사람들은 여름에 보양식으로 먹는 이 특별한 음식을 '닭 계(鷄)' 자와 인삼의 '삼(蔘)' 자를 따서 '계삼탕'이라 불렀어.

  그 후로 오랜 세월이 흐르면서 귀하던 닭이 흔해졌어. 흔한 닭보다 '약이 되는 인삼'이 더 강조되면서 '계삼탕'은 닭과 인삼의 순서를 바꿔 '삼계탕'이 되었지.

  요즈음 우리가 먹는 삼계탕은 아직 덜 자란 어린 닭을 잡아 뱃속에 인삼과 마늘, 대추, 밤, 은행, 찹쌀 등을 넣고 푹 끓여 만들어. 평소에 먹기도 하지만 옛 풍습에 따라 초복, 중복, 말복과 같은 무더운 여름날에 즐겨 먹지.

  금산의 삼계탕은 특히 맛이 좋고 영양이 풍부하기로 유명해. 그 맛의 비결은 품질 좋은 금산 인삼에 있는데, 한 뚝배기를 먹고 나면 몸이 가뿐할 정도로 환상적인 맛이란다.

천여 년의 세월을 간직한 '상림' 연꽃의 맛 연잎밥

이런 밥 이야기 들어 봤니?

넓적한 잎으로 꼼꼼하게 싸 놓아서,

아무리 급해도 풀어야 먹을 수 있어.

방부 효과가 있어 옛날에는 과거 시험을 보러 갈 때

도시락으로 싸 가기도 했대.

연잎으로 싼 밥이라 연잎밥인데,

그 연잎은 저 먼 옛날 최치원이 함양군수가 되어

홍수와 태풍을 막으려고 숲과 연못을 만들면서

심어 가꾼 거란다.

최치원이 연꽃을 심어 가꿨던

그 사연은 바로 바로……

지금으로부터 약 1,000여 년 전 통일 신라 시대에 최치원이라는 천재 소년이 살았어. 최치원은 보다 넓은 세상에서 자신의 큰 꿈을 펼치기 위해 12세에 당나라로 유학을 떠났지. 아버지는 먼 길을 떠나는 어린 최치원에게 독한 말을 했어.

"10년 동안 공부하여 과거에 합격하지 못하면 내 아들이라고 말하지 마라. 나도 아들을 두었다고 말하지 않을 것이다. 그러니 가서 부지런히 공부에 힘써라."

최치원은 아버지의 말씀을 고깝게 듣지 않고 마음에 새겼어.

"예, 아버지. 다른 사람이 백을 하면 저는 천을 하겠사옵니다."

그렇게 작별 인사를 나누고 당나라에 갔어. 당나라에서는 혼자 힘으로 살아가야 했지. 최치원은 거울 수리공으로 나섰어. 당시에 거울은 아무나 가질 수 없는 아주 귀하고 비싼 물건이었단다. 그러니까 수리할 거울이 있다는 것은 지체가 높고 부자라는 뜻이었지. 그런 집에 들어가서 먹고 자고 일을 하며 공부할 속셈이었어.

최치원은 아침 일찍 내로라하는 재상가°들이 모여 살고 있는 거리를 돌아다니며 외쳤어.

"거울 고치세요! 망가진 거울 테 고치세요!"

재상가 이품 이상 벼슬을 지닌 재상의 집.

얼마나 지났을까, 어마어마하게 큰 집의 솟을대문°이 열리며 한 할머니가 나왔어.

"거울을 고친다고?"

"예."

"그럼, 잠깐만 기다려 줄래? 들어가서 가지고 나올 테니까."

"그러지요."

최치원은 공손하게 대답을 하고 대문 밖에 서서 기다렸어. 잠시 후, 할머니는 다리가 부러진 경대°를 들고 나와 물었지.

"이렇게 부러진 다리도 고칠 수 있니?"

"예, 고칩니다."

"그럼 잘 고쳐 봐라."

할머니가 경대를 내밀자 최치원은 받는 척하다가 손이 미끄러진 것처럼 슬며시 떨어뜨려 버렸어.

"쨍그랑!"

경대는 땅바닥으로 떨어졌고, 다리뿐 아니라 거울까지 깨지고 말았지.

"아이고머니나, 이 일을 어째!"

할머니가 노발대발 화를 냈어.

솟을대문 집채의 지붕보다 높이 솟게 지은 대문.
경대 거울을 버티어 세우고 그 아래에 화장품 따위를 넣는 서랍을 갖추어 만든 가구.

"조상 대대로 내려오는 보물을 깨뜨렸으니 이걸 어떻게 책임질 거야!"

"죄송합니다. 제가 며칠을 굶고 돌아다녔더니 손에 힘이 하나도 없어 그만 놓치고 말았습니다. 귀한 거울을 깨뜨렸으니 죽어 마땅하지만 기회를 주신다면 이 집의 종노릇을 해서라도 거울 값을 꼭 갚겠습니다."

최치원이 사정을 하자 할머니가 화를 누그러뜨리고 말했어.

"어린 것이 실수로 그런 것인데 일을 부려 먹어서야 되겠느냐? 그냥 돌아가라."

하지만 최치원은 부득부득 우겼어.

"아닙니다. 들어가서 종이 되겠습니다."

하도 우겨 대니까 할머니도 어쩔 수 없었어.

"그럼 들어와서 기다려라."

잠시 후, 그 집의 주인인 대감마님이 나와 물었어.

"저 아이는 누구냐?"

"거울을 고치러 다니는 아인데, 경대를 깨뜨리고 종이 되겠다고 들어왔습니다."

할머니의 설명에 대감마님이 눈을 가늘게 뜨고 최치원을 봤어. 초라하기 그지없는 몰골이었지만 눈이 반짝반짝 빛나고 목소리가 또랑또랑 맑았어. 한눈에 봐도 보통 아이들과는 달라 보였지.

"심부름이라도 시켜 주시면 열심히 하겠습니다."

대감마님은 고개를 끄덕이며 허락했어.

그날부터 최치원은 대감마님의 심부름을 하게 되었단다. 눈치도 빠르고 똑똑해서 무슨 일을 시켜도 참 잘했어. 그렇게 남의집살이를 하는 틈틈이 공부를 해서 6년 만에 과거 시험에 장원으로 합격했지.

당나라에서 벼슬길에 오른 최치원은 율수현이라는 고을을 다스리게 되었어. 그 고을의 남쪽 끝에는 아름다운 숲과 연못이 있고, 연못가에는 쉬어 갈 수 있

는 정자와 '쌍녀분'이라는 오래된 무덤이 있었어. 최치원은 휴식이 필요할 때면 가끔 그곳 정자에 들러 머리를 식히곤 했지.

그러던 어느 날이었어. 연못가를 천천히 산책하던 최치원이 쌍녀분을 둘러보며 시를 한 수 읊었어. 그러고는 정자에 올라 잠깐 눈을 붙였지. 그런데 갑자기 이상한 향기가 진동하더니 아름다운 두 여인이 연꽃을 들고 나타났어.

"귀한 분을 만나게 되어 영광입니다."

"뉘신지요?"

놀란 최치원이 눈을 크게 뜨고 묻자, 두 여인이 돌아가며 사연을 털어놓았어.

"저희들은 원래 율수현에 살던 장씨의 두 딸이었습니다. 어렸을 때는 예쁘다는 말도 많이 듣고, 글도 쓰고 책도 읽으며 행복한 앞날을 꿈꿨지요. 그러나 언니가 18세, 동생이 16세 되던 해에 모든 꿈은 산산이 부서지고 말았어요. 돈에 눈이 먼 부모가 돈 몇 푼을 받고 소금 장수와 혼인을 약속했거든요."

"저희들은 차라리 죽을지언정 그 뜻에 따를 수 없었어요. 결국 스스로 목숨을 끊었고 마을 사람들이 이곳에 장사를 지내 줬지요. 하지만 억울하고 분한 마음이 풀리지 않았어요. 아무도 알아주는 이 없이 천여 년의 세월이 흘렀는데, 오늘 선생이 시로 저희 자매의 영혼을 위로해 주시니 그동안 쌓인 한이 봄눈 녹듯 사라지는 것 같사옵니다."

말을 마친 여인들은 최치원을 향해 절을 하더니 술상을 내왔어. 최치원은 두 여인과 마주 앉아 주거니 받거니 시를 읊었지.

"난간 아래 꽃은 피었으나
웃는 소리를 들을 수 없구나."

"수풀 아래 새가 울어도
눈물 흐르는 것을 보기 어렵구나."

어느덧 달이 지고 새벽닭 우는 소리가 들리자 두 여인이 자리에서 일어나 다시 절을 하며 말했어.

"선생님 덕분에 천 년의 한을 풀었습니다."

그러고는 홀연히 사라졌어.

"참으로 기이한 일이로구나."

한낱 꿈이라고 하기에는 너무나 생생했어. 두 여인의 애달픈 사연은 오래도록 최치원의 가슴에 남았지.

"다시는 그런 여인들이 생기지 않도록 백성들 일에 더욱 마음을 써야겠어."

최치원은 고을을 다스리는 데 온갖 정성을 쏟았어. 특히 싸움이 일어나거나 억울한 일이 생기지 않도록 각별히 주의했지. 고을 백성들은 그런 최치원을 잘 믿고 따랐어. 항상 웃음이 넘치고 평화로웠단다.

그러던 어느 날, 황소라는 사람이 난을 일으켰어. 이에 최치원은 '토황소격문'이라는 글을 지어 황소를 크게 꾸짖었지.

"천하의 모든 사람이 너를 죽이려고 생각할 뿐만 아니라, 땅속에 있는 귀신까지도 너를 죽이려고 의논하였다. 지금 잠깐 숨이 붙어 있다고 해도 너는 곧 정신을 잃고 넋이 빠져나가고 말 것이니라."

그 말에 깜짝 놀란 황소는 앉아 있던 의자에서 벌러덩 넘어져 버렸어. 싸우지도 않고 오직 글로써 황소를 단번에 쓰러뜨려 버린 거지.

그렇게 최치원은 백성들을 위한 정치를 펼치며 당나라에서 크게 이름을 떨친 후 자신의 조국인 신라로 다시 돌아왔어. 신라에서는 최치원에게 경상남도 함양 지방을 다스리게 했지. 그런데 당시 함양은 여름만 되면 홍수가 나고 태풍이 불어 백성들의 고통이 이루 말할 수 없었어.

"나무를 심고 가꾸어 울창한 숲을 만들어야 해!"

최치원은 당나라 율수현 남쪽 끝에 있던 아름다운 숲과 연못을 떠올리며 함양에 숲을 조성하고 연못을 만들 계획을 세웠어.

"그 숲처럼 아름드리나무˚가 우거지면 태풍이 불어도 끄떡없어. 홍수가 나서 넘치는 물은 연못으로 흘러들게 하고……."

당나라에서의 경험을 살려 함양 지방의 지형을 두루 살피면서 바람막이숲으로 '상림(上林)'을 설계했어. 그리고는 나무를 심어 가꾸며 아름다운 숲을 조성하고 연못을 만들었어. 사방이 확 트인 경치 좋은 곳에는 정자를 지어 누구라도 쉬어 갈 수 있게 했지.

하루는 일과를 마친 최치원이 정자에 올랐는데, 문득 연꽃을 들고 나타났던 율수현의 두 여인이 떠올랐어.

"연꽃처럼 예쁜 여인들이었는데……. 시도 참 잘 짓고……."

최치원은 두 여인의 넋을 위로하며 연못에 연꽃을 심었어.

아름드리나무 둘레가 한 아름이 넘는 큰 나무.

"부디 좋은 곳으로 가서 행복하게 사시오."

시간이 지나자 연못 가득 연꽃이 피어났어. 하얀 연꽃, 분홍 연꽃, 빨간 연꽃, 노란 연꽃……. 최치원은 시간이 날 때마다 연못가를 거닐며 연꽃을 감상했어. 그리고 어느덧 상림이 완성되었지. 이제 태풍이 불고 홍수가 나도 끄떡없었어.

세월이 흐르면서 함양 사람들은 상림의 연못을 뒤덮은 연을 이용하여 약이나 음식을 만들어 먹기 시작했어. 그중에서도 연잎은 잎이 크고 넓어 밥을 싸기에 그만이었어. 들에 일하러 갈 때 연잎에 밥을 싸 가면 간편할 뿐 아니라 쉽게 변하지 않았어. 연잎에 방부° 효과가 있었거든.

"그거 참 신기한 일이로군."

"최치원이 연꽃을 심은 것은 다 그만한 이유가 있었던 거야."

그 뒤 함양 사람들은 과거 시험을 보러 갈 때면 주먹밥 대신 연잎에 밥을 싸 주며 덕담을 했단다.

"최치원처럼 장원 급제하여 돌아오너라."

연잎밥을 받아 든 아들들은 최치원이 당나라로 떠날 때처럼 씩씩하게 대답했지.

"다른 사람보다 백 배, 천 배 더 노력하겠습니다."

방부 물질이 썩거나 삭아서 변질되는 것을 막음.

그렇게 길을 떠나면 오다가다 만난 사람들과 밥을 나눠 먹었고, 한번 연잎밥 맛을 본 사람들은 그 독특한 향과 맛을 잊을 수 없어 상림을 다시 찾았어. 상림에서는 찾아오는 손님들을 위해 신선한 연잎으로 더욱 맛깔스러운 밥을 지었어. 손님들은 아름다운 상림과 연꽃을 보며 연잎밥을 맛있게 먹었지. 전통은 계속 이어져 오늘날에 이르렀어.

　지금도 상림에 가면 연잎밥을 만날 수 있어. 상림에서 나는 두터운 연잎에 찹쌀, 흑미, 은행, 밤, 대추 등 열두 가지 재료를 섞어 곱게 싸서 쪄내면 완성돼. 밑반찬으로는 연뿌리를 상큼하게 절이거나 줄기를 졸여 만들고, 소스에는 연꽃의 씨를 갈아 넣지. 천여 년의 세월을 간직한 상림의 연꽃이 맛있는 밥 한 상을 뚝딱 차려 내는 거란다.

은어에서 도로 묵이 된 도루묵

'도루묵'이란 물고기 본 적 있니?

아마 도루묵은 못 봤어도

'말짱 도루묵'이란 말은 들어 봤을 거야.

일한 보람도 없이 헛수고가 되었을 때 쓰는 말인데,

도루묵에는 재미난 이야기가 전해져 내려와.

임진왜란 때 피난을 떠난 선조 임금은

'묵'이라는 물고기 맛에 반해 '은어'라는 이름을 내렸는데,

훗날 다시 그 맛을 보고는

"도로 묵이라고 불러라!"

라고 해서 도루묵이 되고 말았단다.

이름을 줬다가 도로 뺏은 그 이야기는 바로 바로……

1592년 4월 어느 날이었어.

"큰일 났사옵니다, 전하. 일본군이 무서운 속도로 진격해 오고 있사옵니다."

일본이 약 20만 명의 군사들을 이끌고 명나라로 가는 길을 내어 달라며 조선으로 쳐들어왔어. 임진왜란이 터진 거야. 미처 전쟁 준비를 하지 못하고 있던 조선은 속수무책으로 밀리고 말았지.

"충주 탄금대가 무너지고 그곳을 지키던 신립 장군이 강물에 몸을 던졌다 하옵니다."

보고를 받은 선조 임금은 얼굴이 하얗게 질렸어.

"이 일을 어쩌면 좋단 말인가? 빨리 피난을 떠나야 하지 않겠는가?"

신하들은 반대를 하고 나섰어.

"아니 되옵니다, 전하. 종묘사직°과 백성들을 버리고 어디로 떠난단 말씀입니까?"

"그럼 이대로 앉아서 죽자는 말인가?"

임금이 목소리를 높이자, 신하들은 그만 할 말을 잃고 우물쭈물 물러섰어. 밀물처럼 몰려오는 일본군에 맞서 싸울 힘도 용기도 없었으니까.

"하오면 전하, 만약에 대비하여 다음 왕위를 이을 세자를 세워야 하

종묘사직 왕실과 나라를 통틀어 이르는 말.

지 않겠사옵니까?"

 몇몇 신하들의 주장에 임금은 광해군을 세자로 세우고 부랴부랴 피난 길에 올랐어.

 수도 한양과 백성들을 버리고 떠나는 임금의 피난 행렬은 초라하기 그지없었어. 먹을 것과 입을 것은 물론이고 따르는 신하마저 백여 명에 불과했지.

 일행은 쉬지 않고 걸어 임진강을 건너 개성으로 갔어. 하지만 개성마저도 위험에 빠지자 다시 평양으로 떠났지. 조총으로 무장한 일본군은 도망치는 임금을 비웃기라도 하듯 기세를 꺾지 않고 북으로, 북으로 거침없이 밀고 올라왔어. 마침내 평양성마저 함락되자 임금 일행은 또다시 북쪽으로 도망을 쳐야 했어.

 "나는 중국 요동으로 갈 것이니라."

 임금은 만약의 경우를 대비해서 평안북도 의주로 향했어. 여차하면 압록강을 건너 중국으로 갈 생각이었지.

 전쟁은 계속되고 피난 생활은 처참했어. 하루하루 먹을 것을 구해다가 겨우겨우 입에 풀칠을 할 정도로 춥고 배가 고픈 생활이었지.

 그러던 어느 날, 한 어부가 생선 꾸러미를 들고 임금이 묵고 있는 피난처를 찾아왔어.

 "상감마마께서 이런 생선을 드실지 모르겠사오나 조금이라도 도움이

될까 하여 가져왔사옵니다."

끼니는 다가오는데 음식 재료가 없어 막막했던 나인°이 몹시 기뻐하며 말했어.

"아, 고맙소. 맛있게 요리하여 올리리다."

오랜만에 싱싱한 생선을 맛본 임금은 흡족한 미소를 지으며 말했어.

"으음, 담백한 맛이 최고로구나!"

그러고는 곧 명령을 내렸어.

"이 생선을 바친 사람을 불러오너라."

어부가 달려와 임금 앞에 엎드렸어.

"네 덕분에 별미를 맛보았구나. 맛있게 잘 먹었다. 그런데 이 생선의 이름이 무엇이더냐?"

"예, 묵이라고 하옵니다."

그러자 임금이 고개를 흔들며 안타까운 표정을 지었어.

"어허, 맛에 비해 이름이 보잘것없구나."

그러더니 한참 생각에 잠겼다가 무릎을 탁 치며 말했어.

"옳지. 고기의 배 쪽이 은백색으로 빛나고, 맛도 좋으니 귀하기 이를 데 없는 생선이다. 이제 묵이라 부르지 말고 은어라고 부르도록 하라."

나인 궁궐 안에서 왕과 왕비를 가까이 모시는 여인.

"예, 성은이 망극하옵니다."

임금은 은어 덕분에 힘겨운 피난 생활을 잠시 잊고 행복한 하루를 보냈어.

한편, 세자로 책봉된 광해군은 임금과는 다른 길을 걸었어. 군사들을 이끌고 함경도로 가서 일본군과 맞서 싸웠지.

"자, 가자! 이대로 물러설 수 없다."

치열한 전투 끝에 광해군은 곳곳에서 승전보˚를 올렸어. 이 소식은 곧 임금에게 전해졌지.

"전하, 세자 저하께서 비바람을 맞으며 힘차게 군사들을 이끌고 있다고 하옵니다."

임금은 진심으로 기뻐하며 편지를 보냈어.

"내가 살아서는 망국˚의 임금이 되었고, 죽어서는 장차 다른 나라 땅의 귀신이 되겠구나. 아버지와 아들이 서로 헤어져 있으니 다시 볼 날이 없을 듯하다. 바라건대, 세자는 빼앗긴 국토를 다시 찾아서 위로는 조상의 영혼을 위로하고, 아래로는 부모의 돌아옴을 맞이하라. 이런 말을 종이에 쓰자니 눈물이 앞을 가려 말할 바를 모르겠구나."

편지를 읽은 광해군은 목 놓아 통곡했어.

승전보 싸움에 이긴 경과를 적은 기록.
망국 이미 망하여 없어진 나라.

"아……, 아바마마. 소자, 반드시 왜적을 물리치고 나라를 되찾겠사옵니다."

광해군은 아버지의 편지를 가슴에 품고 전쟁터로 달려갔지.

"나는 조선의 세자다. 왜놈들아, 내 칼을 받아라!"

광해군의 용기에 밀리기만 하던 전쟁이 조금씩 유리해지기 시작했어. 전쟁이 나자마자 도망친 임금과 조정을 원망했던 백성들의 마음도 조금씩 풀리기 시작했지.

"세자 저하께서 적진을 종횡무진° 누빈다면서?"

"벌써 여러 곳에서 승리의 함성이 울려 퍼졌다네."

"의병°을 모집한다던데 우리도 나가 싸우자고!"

전국 각지에서 의병들이 들불처럼 일어나 일본군들을 물리쳤어. 남쪽 바다에서는 거북선을 앞세운 이순신 장군이 일본군에 맞서 용감하게 싸웠지.

그 결과 일본군이 물러나고 선조 임금은 한양으로 돌아왔어.

어느 날, 수라상을 받은 임금이 입맛을 다시며 말했어.

"담백한 은어 맛을 다시 보고 싶구나."

바로 다음 날 은어가 수라상에 올랐어. 기쁜 얼굴로 은어를 맛보던

종횡무진 자유자재로 행동하여 거침이 없는 상태.
의병 외적의 침입을 물리치기 위해 백성들이 자발적으로 조직한 군대.

임금이 이맛살을 찌푸렸어.

"이게 진정 은어란 말이냐?"

"예, 그렇사옵니다."

음식을 담당하는 나인의 대답을 듣고도 임금은 고개를 갸웃갸웃했어.

"은어가 이렇게 맛없는 고기였다니 믿을 수가 없구나."

그러고는 실망감을 감추지 못하고 명령을 내렸어.

"은어라는 이름이 아깝다. 도로 묵이라고 불러라!"

이렇게 하여 묵은 '도로묵'이 되었고 세월이 흐르면서 '도로묵'은 '도루묵'으로 바뀌었단다. 그 뒤 사람들은 이 일을 빗대어 일이 제대로 풀리지 않고 헛수고가 되었을 때 '말짱 도루묵이다!'라고 말했어.

그런데 이 '말짱 도루묵'이란 말은 비단 '묵'이라는 물고기에만 해당하

는 것이 아니었어. 선조 임금이 광해군을 대하는 태도에도 딱 들어맞는 말이었지.

전쟁 때는 믿고 의지했던 광해군을 전쟁이 끝나자 의심하고 미워하기 시작한 거야. 싸움 한번 제대로 하지 않고 도망만 다녔던 자신의 행동이 부끄러워 광해군에게 질투가 났던 거지.

'나라가 이 지경이 된 걸 내 탓이라고 생각하겠지?'

'나는 도망만 다닌 왕이라고 비웃음을 받는데, 광해군은 용감하다고 칭찬을 받고 있으니 이 일을 어쩌면 좋담?'

게다가 광해군은 정식 왕비의 아들이 아니라 후궁°의 아들이었어. 중국에서는 광해군이 둘째 아들이라는 이유로 세자 책봉을 미루었고, 선조 임금은 중국의 인정을 받지 못한 광해군을 더욱 미워했지.

그러다가 선조 임금은 51세의 나이에 17세의 인목왕후를 중전으로 맞이했어. 광해군은 아홉 살이나 어린 새어머니를 맞이한 거지. 곧 정식 왕자 영창대군이 태어났고 신하들은 서로 눈치를 보며 수군댔어.

"아무래도 영창대군이 왕위를 잇는 게……."

"쉿! 누가 들으면 어쩌려고?"

그러던 어느 날 선조 임금이 쓰러졌어.

"전하!"

"아바마마!"

생명의 위험을 느낀 선조 임금이 광해군에게 말했어.

"내가 이러한데 어찌 왕위에 있을 수 있겠느냐? 세자가 장성°했으니 이제 왕위를……."

하지만 병세가 조금 나아지자, 다시 광해군을 구박했지.

후궁 왕이 정식 아내 외에 데리고 사는 여자.
장성 자라서 어른이 됨.

"중국의 책봉을 받지 못한 세자는 나도 인정할 수 없다!"

그때마다 광해군은 피를 토하는 심정으로 꿇어 엎드렸어.

"아바마마, 지난번에 갑자기 쓰러지신 이후로 소신은 죽으려 해도 죽을 수가 없었나이다."

그런 일이 몇 번씩이나 반복되다가 왕위에 오른 지 41년이 되던 해 2월 1일, 선조 임금은 갑자기 위독해져서 그날로 죽음을 맞이했어. 다음 날 광해군은 선조의 뒤를 이어 왕위에 올랐지.

도루묵 이야기에는 상황에 따라 광해군을 사랑하기도 하고, 미워하기도 했던 선조 임금의 마음이 잘 반영되어 있어. 생선보다 이야기로 더욱 알려진 도루묵은 살이 통통하게 오른 겨울철에 잡아서 굵은 소금을 치고 숯불에 구워 먹으면 아주 맛있단다.

참고한 책

- **된장** : 허균, 「성소부부고」
  이긍익, 「연려실기술」
- **고추장** : 「승정원일기」
  「영조실록」
- **잡채** : 정부인 안동 장씨, 「음식디미방」
  이긍익, 「연려실기술」
  「광해군일기」
- **쌀밥** : 「성종실록」
- **초당두부** : 「국조인물고」
  강릉시·한국학중앙연구원, 「강릉향토문화대전」
- **삼계탕** : 홍석모, 「동국세시기」
  정부인 안동 장씨, 「음식디미방」
- **연잎밥** : 한국정신문화연구원, 「한국구비문학대계」 1-6
  최치원, 「계원필경」
- **도루묵** : 이의봉, 「고금석림」